놀면서 스마트해지는
두뇌 자극 플레이북

EASY

W&M 뇌발달연구소

딴짓거리

📖 동양북스

초판　1쇄 발행 ｜ 2019년 7월 10일
초판 10쇄 발행 ｜ 2024년 7월 15일

지은이 ｜ W&M 뇌발달연구소
발행인 ｜ 김태웅
기획 편집 ｜ 황준
디자인 ｜ 남은혜, 김지혜
일러스트 ｜ Shutterstock.com 라이선스 이미지 외
마케팅 총괄 ｜ 김철영
제　작 ｜ 현대순

발행처 ｜ (주)동양북스
등　록 ｜ 제 2014-000055호
주　소 ｜ 서울시 마포구 동교로22길 14 (04030)
구입 문의 ｜ 전화 (02)337-1737　팩스 (02)334-6624
내용 문의 ｜ 전화 (02)337-1763　dybooks2@gmail.com

ISBN 979-11-5768-510-3 13690

이 도서의 국립중앙도서관 출판시도서목록(CIP)은 서지정보유통지원시스템 홈페이지(http://seoji.go.kr)와
국가자료공동목록시스템(http://www.nl.go.kr/kolisnet)에서 이용하실 수 있습니다.
(CIP제어번호:CIP2019017253)

언제부터인가 우리는 생각하기를 게을리하고, 찾으면 바로바로 정답을 얻을 수 있는 스마트한 세상에서 스마트함을 뺏긴 채 살아가고 있습니다. 디지털 치매라는 말이 정말 먼 남의 얘기일까요? 지금 현재 당신이 외우고 있는 전화번호는 몇 개나 되나요? 네비게이션 없이 지도를 보면서 혼자 목적지를 찾아갈 수 있나요? 이렇게 우리는 알게 모르게 컴퓨터와 스마트폰에 삶의 많은 부분을 의지하며 살아가고 있습니다.

이 모든 것이 잘 못 되었다는 것이 아니라 그만큼 두뇌 회전을 위한 활동을 따로 찾아서 하지 않으면 안 된다는 것입니다. 이미 두뇌 회전을 돕는다는 책들이 많이 출간되어 있습니다. 하지만 조금 더 재미있게 다양한 방식으로 즐기면서도 충분한 두뇌 자극이 되어 줄 놀이책이 없다는 것이 아쉬웠고 이러한 마음에서 기획된 책이 바로 『딴짓거리』입니다. 이 책은 **미로 찾기, 다른 그림 찾기, 일치하는 그림 찾기, 조각 퍼즐, 블록 퍼즐, 다양한 스타일의 그리기, 점 잇기, 색칠하기, 스도쿠, 노노그램, 기억하기, 연산하기, IQ 트레이닝을 위한 논리 게임** 등으로 다양하고 알차게 구성되어 있습니다. 그뿐만 아니라 신체 활동을 위한 **만들기**와 **종이접기**도 함께 수록하였습니다.

『딴짓거리』는 난이도 차이를 상이하게 두어 총 두 권으로 출간하였습니다. 각 난이도는 너무 쉽거나 너무 어렵지 않으니 두 권 모두 도전해 보시기에 문제없을 것입니다. 단, 문제를 풀어 갈 때 때때로 답을 찾는 데 오랜 시간이 걸릴 수도 있지만, 절대 낙심 금지입니다. 오랜 시간을 투자해서 답을 찾을 때 기쁨은 배가 될 것이고 깊이 생각한 만큼 두뇌의 모든 신경 세포들이 활발히 움직였을 테니 말입니다.

참고로 이 책의 활용 방법을 말씀드리겠습니다. 처음 문제 풀 때는 연필로 체크 한 후 다시 한번 풀이 때 정확한 답으로 표기하기를 추천해 드립니다. 특히 공간지각능력과 형태지각능력을 요하는 문제들은 몇 번 지웠다 그렸다 반복해야만 문제가 풀이될 수 있기 때문입니다.

자, 백문이 불여일견! 지금 바로 『딴짓거리』와 함께 놀면서 하는 두뇌 트레이닝 프로그램을 즐겨보세요.

W&M 뇌발달연구소

CONTENTS

FIND GAME

#BRAIN GAME   #SEE   #DRAW   #WRITE   #ANYONE   #ANYTIME   #ANYWHERE

MAZE

꿀벌이 꿀 저장소까지 갈 수 있도록 도와주세요.

Runtime

MAZE

하트가 있는 곳까지 갈 수 있도록 도와주세요.

Runtime

MAZE

낚시줄에 무엇이 연결되어 있는지 알아보세요.

Runtime   :

ANSWER

A – _____,

B – _____,

C – _____,

D – _____,

E – _____

MAZE

각 크리스마스 선물이 어느 집으로 갔는지 알아보세요.

Just play.
Have fun.
Enjoy the game.

Runtime ☐ : ☐

ANSWER

Cap — _____,

Cake — _____,

Bear — _____,

Car — _____,

Glove — _____,

Sock — _____,

Star — _____

MAZE

어디에서 출발해야 목적지에 도착할 수 있을까요?

Just play.
Have fun.
Enjoy the game.

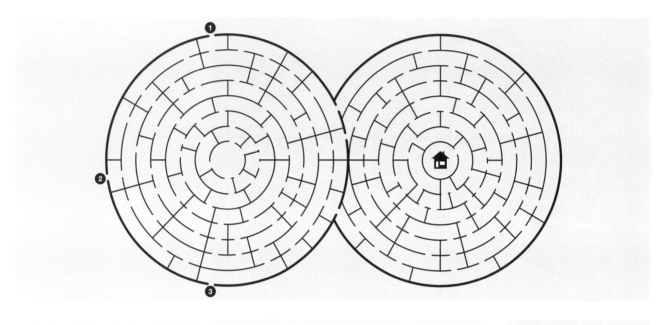

ANSWER

Runtime :

※ 미로 안에 3개의 순간이동 포인트(Ⓐ, Ⓑ, Ⓒ)가 있습니다. 순간 이동은 같은 알파벳끼리만 가능합니다.

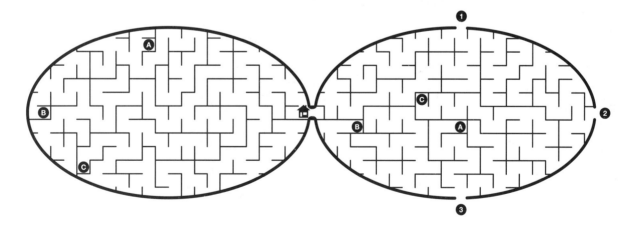

ANSWER

Runtime :

MAZE

어디에서 출발해야 탈출 할 수 있을까요?

Just play.
Have fun.
Enjoy the game.

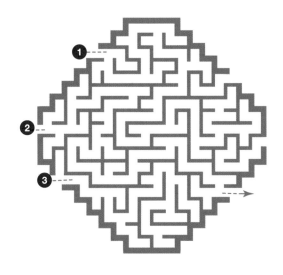

ANSWER   Runtime   :

ANSWER   Runtime   :

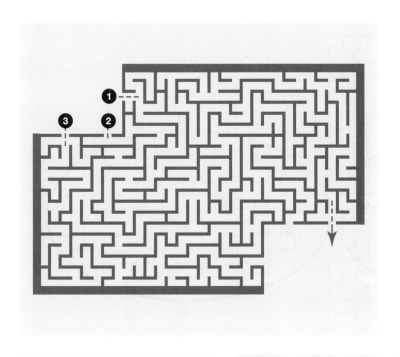

ANSWER   Runtime   :

ANSWER   Runtime   :

MAZE

출발점에서 도착점으로 가는 길을 찾으세요. 길을 찾으면 숨겨진 이미지를 발견할 수 있습니다.

Just play.
Have fun.
Enjoy the game.

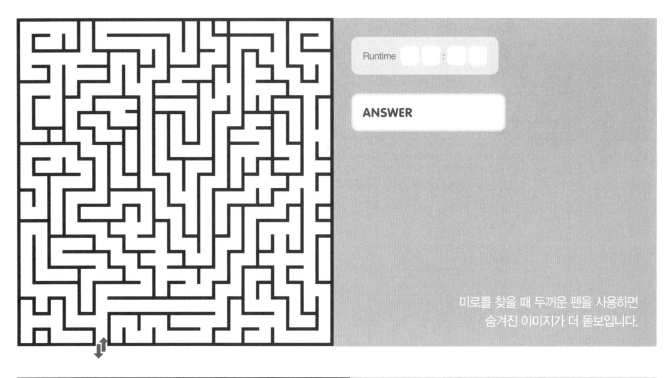

Runtime ⬜⬜ : ⬜⬜

ANSWER

미로를 찾을 때 두꺼운 펜을 사용하면
숨겨진 이미지가 더 돋보입니다.

Runtime ⬜⬜ : ⬜⬜

ANSWER

미로를 찾을 때 두꺼운 펜을 사용하면
숨겨진 이미지가 더 돋보입니다.

MAZE

출발점에서 도착점으로 가는 길을 찾으세요. 길을 찾으면 숨겨진 이미지를 발견할 수 있습니다.

Just play.
Have fun.
Enjoy the game.

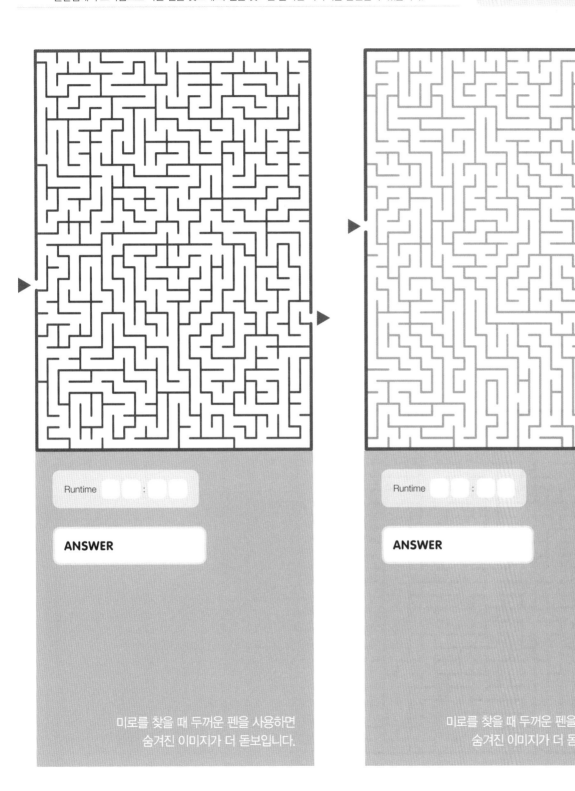

Runtime ☐☐ : ☐☐

ANSWER

Runtime ☐☐ : ☐☐

ANSWER

미로를 찾을 때 두꺼운 펜을 사용하면
숨겨진 이미지가 더 돋보입니다.

미로를 찾을 때 두꺼운 펜을 사용하면
숨겨진 이미지가 더 돋보입니다.

DIFFERENCES

서로 다른 열 곳을 모두 찾으세요.

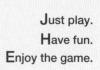

Just play.
Have fun.
Enjoy the game.

Runtime

FIND 10 DIFFERENCES

DIFFERENCES

서로 다른 스무 곳을 모두 찾으세요.

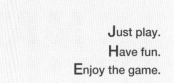

MATCHING

그림과 정확히 일치하는 그림자를 찾으세요.

Just play.
Have fun.
Enjoy the game.

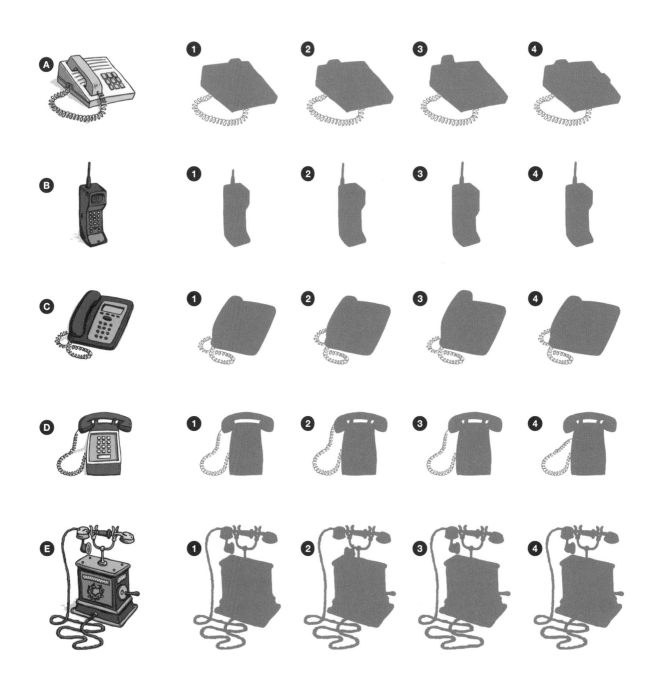

ANSWER A –_____, B –_____, C –_____, D –_____, E –_____

Runtime

MATCHING

그림과 정확히 일치하는 그림자를 찾으세요.

Runtime

ANSWER

MATCHING

정확하게 일치하는 두 개의 그림을 찾으세요.

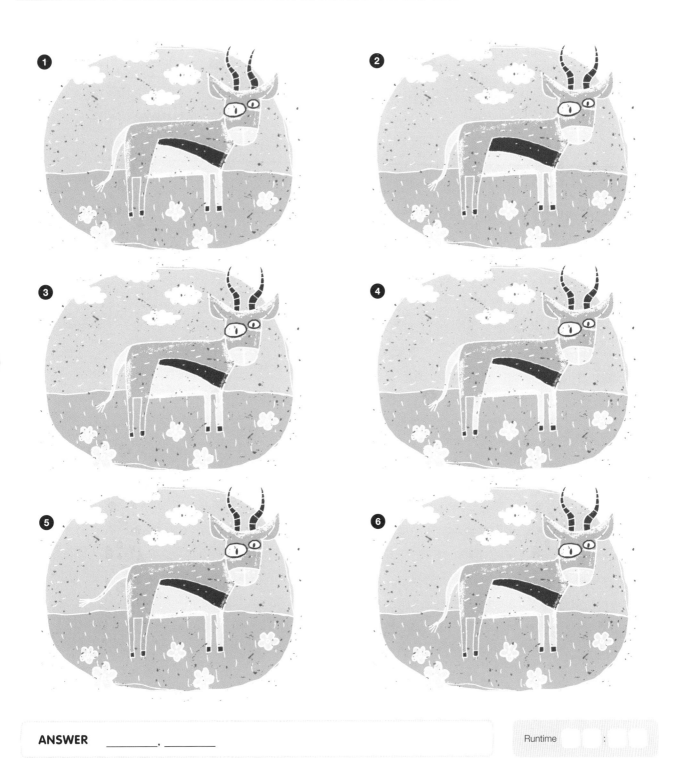

ANSWER _____ , _____

Runtime

MATCHING

정확하게 일치하는 두 개의 그림을 찾으세요.

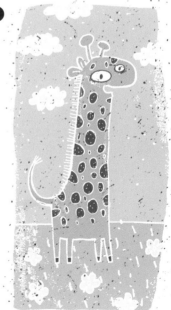

ANSWER _____ , _____

Runtime

MATCHING

그룹 중 정확하게 일치하는 두 개의 그림을 찾으세요.

ANSWER _____, _____

Runtime

MATCHING

그룹 중 정확하게 일치하는 두 개의 그림을 찾으세요.

ANSWER _____, _____

Runtime [ ] : [ ]

MATCHING

서로 일치하는 우산끼리 짝을 지으세요.

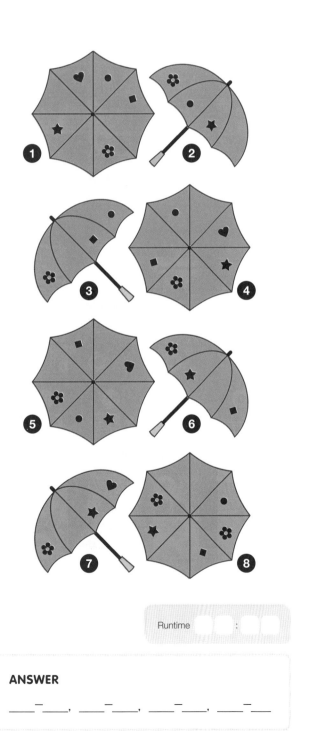

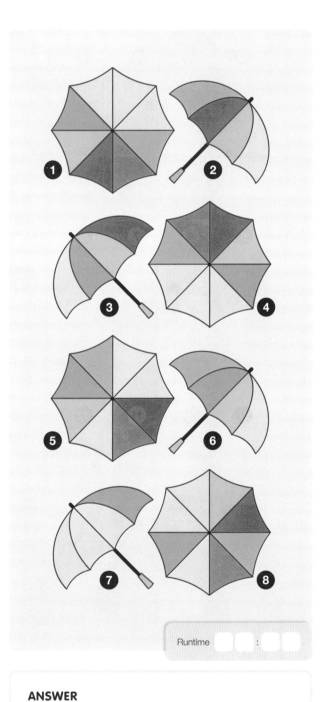

Runtime ☐☐ : ☐☐

Runtime ☐☐ : ☐☐

ANSWER

____−____, ____−____, ____−____, ____−____

ANSWER

____−____, ____−____, ____−____, ____−____

MATCHING

그림이 완성되도록 짝을 찾으세요.

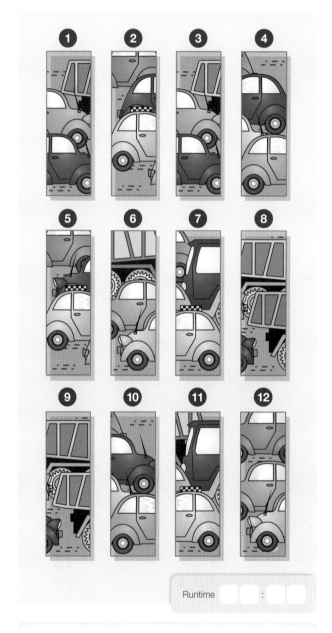

Runtime ☐☐ : ☐☐

Runtime ☐☐ : ☐☐

ANSWER

___ ─ ___, ___ ─ ___, ___ ─ ___, ___ ─ ___,

___ ─ ___, ___ ─ ___

ANSWER

___ ─ ___, ___ ─ ___, ___ ─ ___, ___ ─ ___,

___ ─ ___, ___ ─ ___

MATCHING

본 형상과 거울에 비친 형상이 일치하는 것끼리 짝을 지으세요.

Just play.
Have fun.
Enjoy the game.

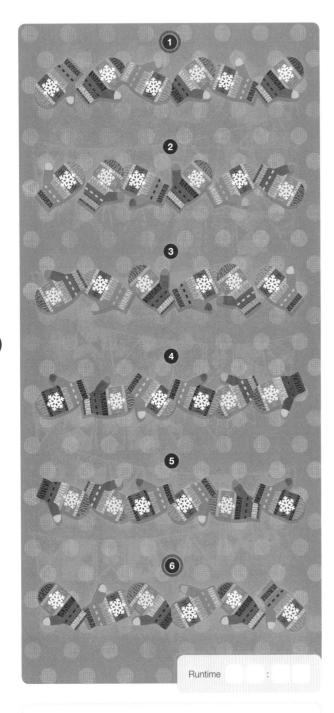

Runtime   :

Runtime   :

ANSWER   1 – 6 , ___ – ___ , ___ – ___

ANSWER   ___ – ___ , ___ – ___ , ___ – ___

MATCHING

본 형상과 거울에 비친 형상이 일치하는 것끼리 짝을 지으세요.

Just play.
Have fun.
Enjoy the game.

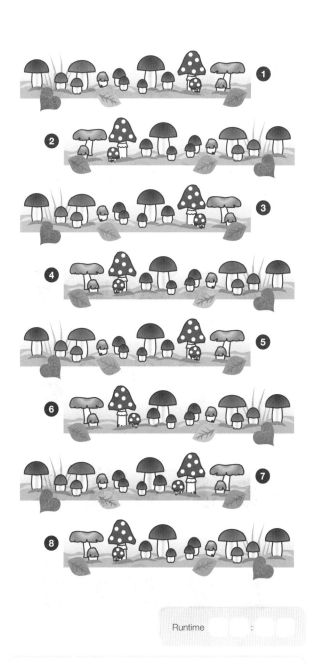

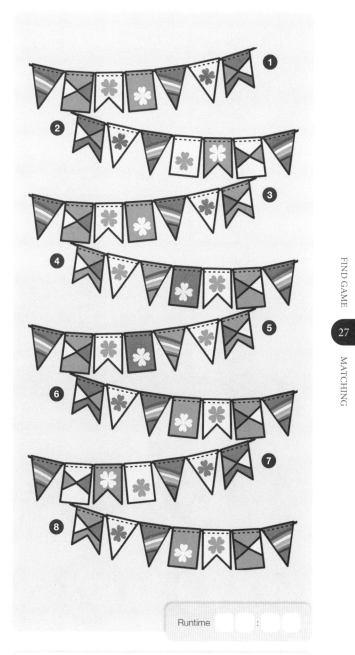

Runtime :

Runtime : :

ANSWER

____ - ____, ____ - ____, ____ - ____, ____ - ____

ANSWER

____ - ____, ____ - ____, ____ - ____, ____ - ____

MATCHING

본 도형들을 위에서 바라 본 모습과 일치하는 것끼리 짝을 지으세요.

Just play.
Have fun.
Enjoy the game.

Runtime   :

ANSWER

A – _____,

B – _____,

C – _____,

D – _____,

E – _____,

F – _____,

G – _____,

H – _____,

I – _____

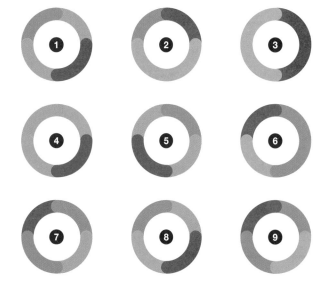

MATCHING

본 도형들을 위에서 바라 본 모습과 일치하는 것끼리 짝을 지으세요.

Just play.
Have fun.
Enjoy the game.

Runtime :

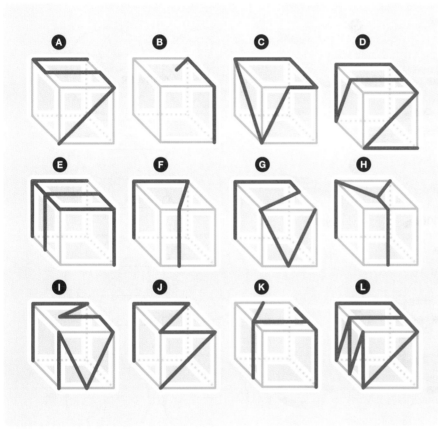

ANSWER

A – _____,

B – _____,

C – _____,

D – _____,

E – _____,

F – _____,

G – _____,

H – _____,

I – _____,

J – _____,

K – _____,

L – _____

MATCHING

도형 A~F를 만들기 위해서 필요한 스탬프를 찾으세요.

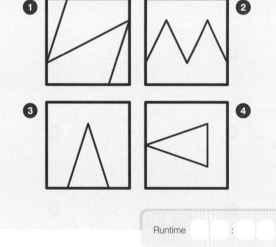

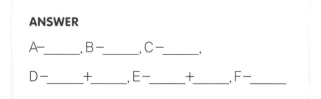

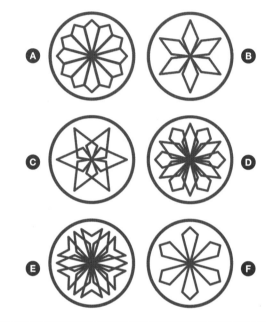

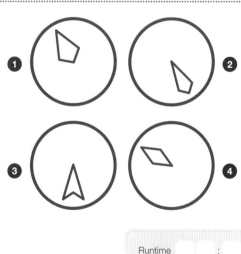

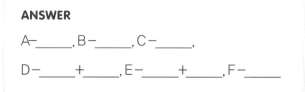

Runtime [ ][ ]:[ ][ ]

Runtime [ ][ ]:[ ][ ]

ANSWER

A-_____, B-_____, C-_____,

D-_____+_____, E-_____+_____, F-_____

ANSWER

A-_____, B-_____, C-_____,

D-_____+_____, E-_____+_____, F-_____

MATCHING

A~D 스탬프로 만들 수 없는 도형을 모두 찾으세요.

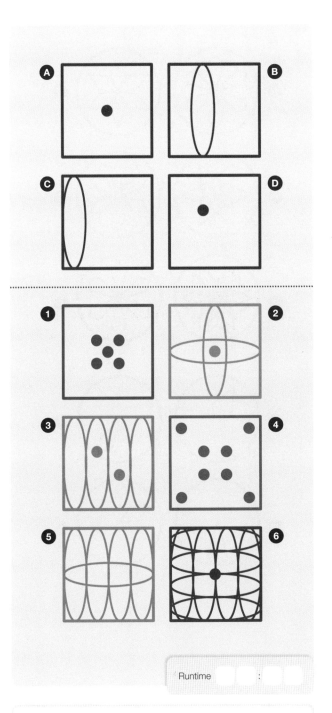

Runtime [ ] : [ ] [ ]

ANSWER _____, _____, _____

Runtime [ ] : [ ] [ ]

ANSWER _____, _____, _____, _____, _____, _____

PUZZLE GAME

JIGSAW

퍼즐 조각을 맞추어 그림을 완성하세요.

Runtime   :

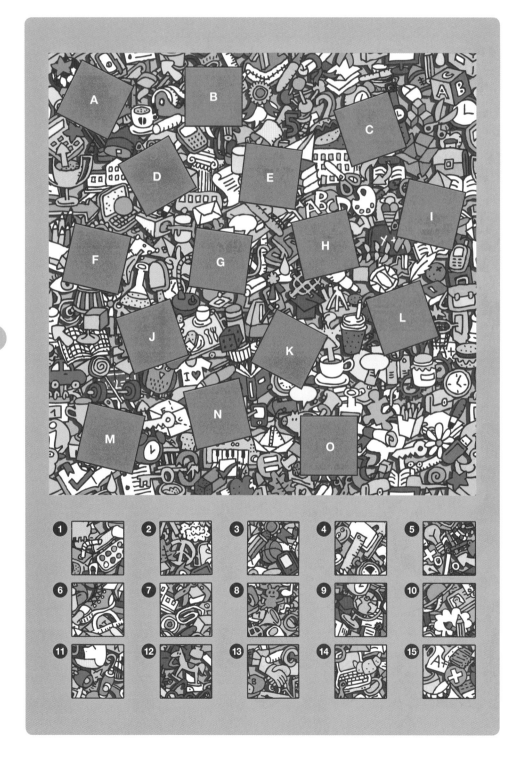

ANSWER

A – _____ ,

B – _____ ,

C – _____ ,

D – _____ ,

E – _____ ,

F – _____ ,

G – _____ ,

H – _____ ,

I – _____ ,

J – _____ ,

K – _____ ,

L – _____ ,

M – _____ ,

N – _____ ,

O – _____

JIGSAW

퍼즐 조각을 맞추어 그림을 완성하세요.

Just play.
Have fun.
Enjoy the game.

Runtime   :

ANSWER

A–____, B–____,

C–____, D–____,

E–____, F–____,

G–____, H–____,

I –____

Runtime   :

ANSWER

A–____, B–____,

C–____, D–____,

E–____, F–____,

G–____, H–____,

I –____, J–____

JIGSAW

퍼즐 조각을 맞추어 그림을 완성하세요.

Just play.
Have fun.
Enjoy the game.

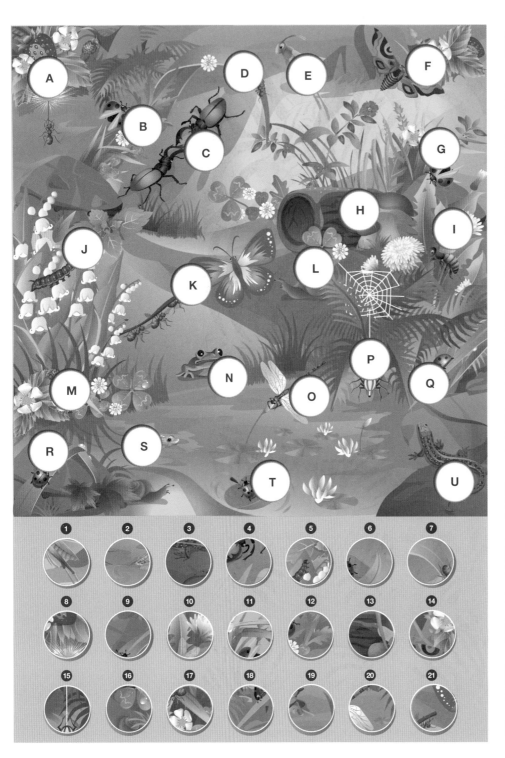

Runtime   :

ANSWER

A—_____,

B—_____,

C—_____,

D—_____,

E—_____,

F—_____,

G—_____,

H—_____,

I —_____,

J—_____,

K—_____,

L—_____,

M—_____,

N—_____,

O—_____,

P—_____,

Q—_____,

R—_____,

S—_____,

T—_____,

U—_____

JIGSAW

퍼즐 조각을 맞추어 그림을 완성하세요.

Just play.
Have fun.
Enjoy the game.

Runtime ⬜ : ⬜

ANSWER

A – _____,

B – _____

JIGSAW

잃어버린 퍼즐 조각을 찾으세요.

Runtime   :

ANSWER

❶

❷

❸

❹

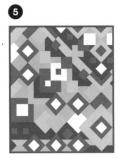

❺

❻

JIGSAW

각 지령에 맞게 풀이하세요.

잃어버린 주사위 조각을 찾으세요.

주사위 조각의 원위치를 찾으세요.

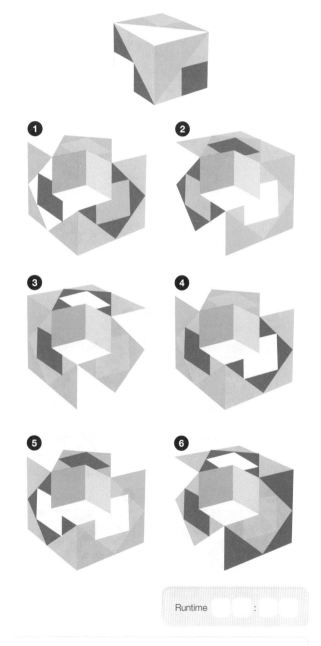

Runtime ⬭ : ⬭

Runtime ⬭ : ⬭

ANSWER

ANSWER

JIGSAW

다음 도형을 완성하기 위해 필요한 퍼즐 두 조각을 찾으세요.

Just play.
Have fun.
Enjoy the game.

Runtime   :

Runtime   :

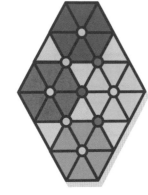

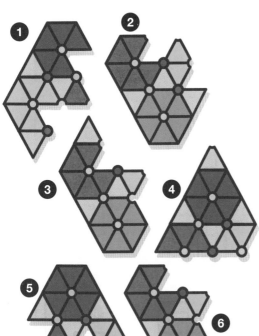

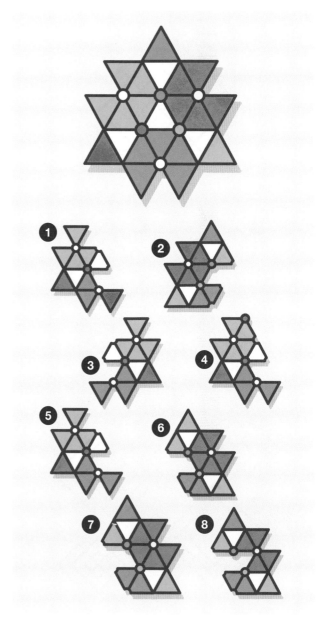

ANSWER _____, _____

ANSWER _____, _____

JIGSAW

다음 도형을 완성하기 위해 필요한 퍼즐 두 조각을 찾으세요.

Runtime ___ : ___

Runtime ___ : ___

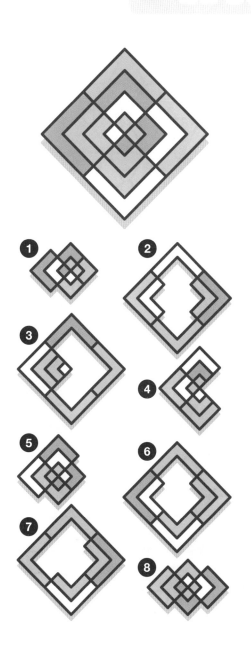

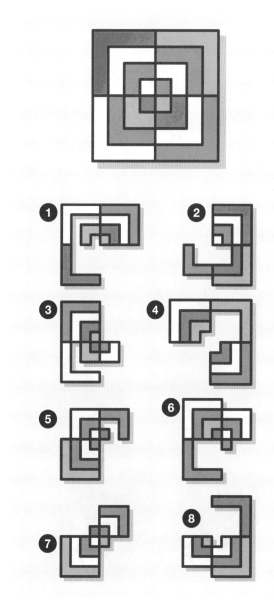

ANSWER _____, _____

ANSWER _____, _____

TETRIS

퍼즐 조각을 모두 사용하여 도형을 채우세요.

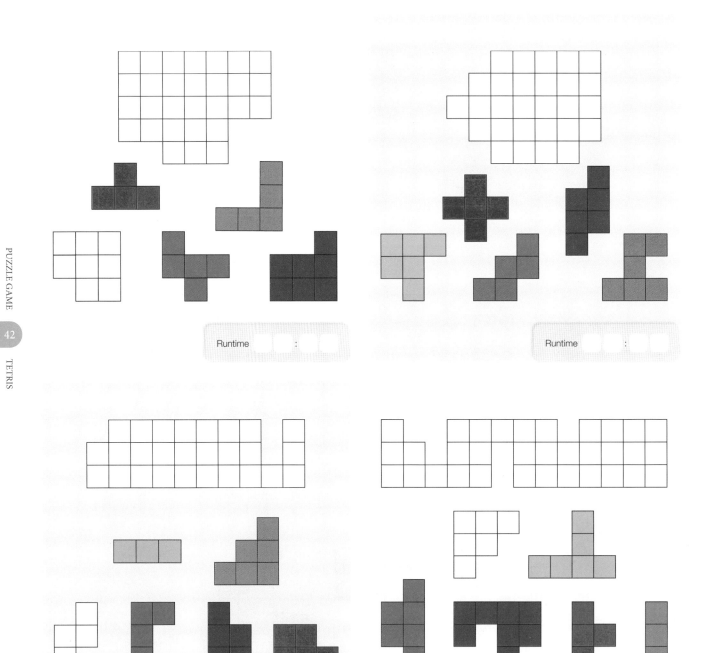

Runtime ___ : ___ ___

Runtime ___ : ___ ___

Runtime ___ : ___ ___

Runtime ___ : ___ ___

TETRIS

퍼즐 조각을 모두 사용하여 도형을 채우세요.

Runtime ☐ : ☐

Runtime ☐ : ☐

Runtime ☐ : ☐

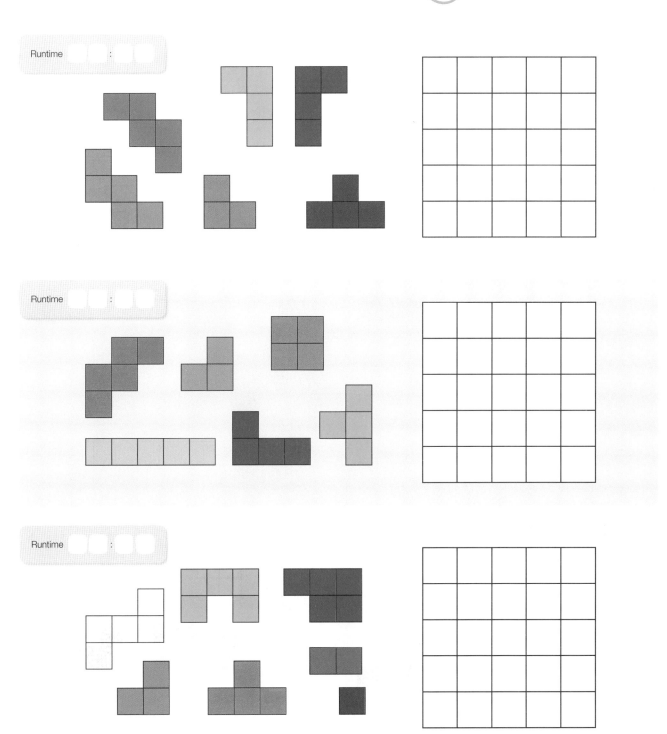

TETRIS

퍼즐 조각을 모두 사용하여 도형을 채우세요.

Just play.
Have fun.
Enjoy the game.

Runtime

Runtime

Runtime

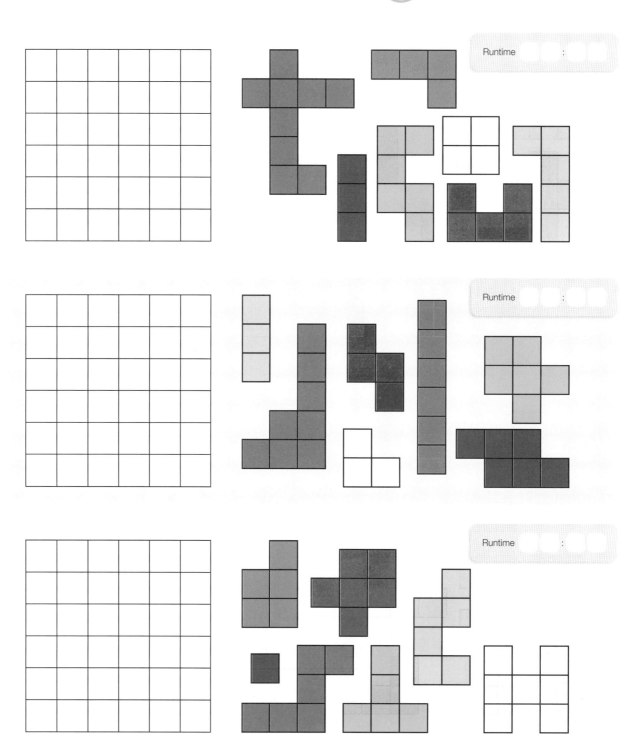

TETRIS

퍼즐 조각을 모두 사용하여 도형을 채우세요.

Runtime

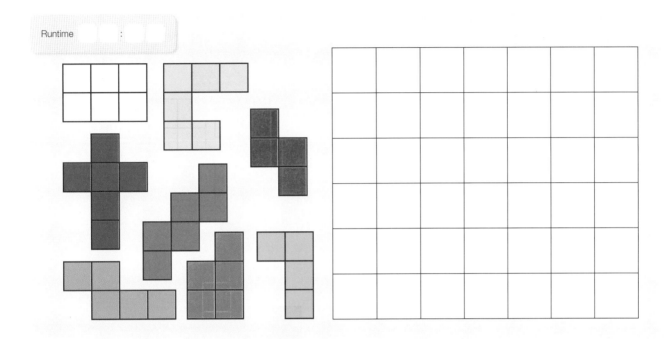

Runtime

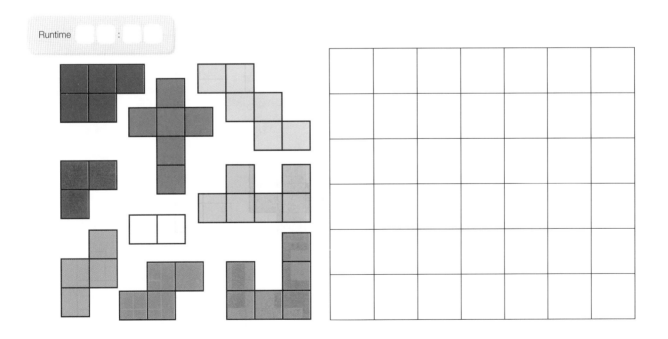

THINKING

보기의 위치를 찾으세요. 반드시 같은 숫자와 도형만 옆에 놓을 수 있습니다.

Just play.
Have fun.
Enjoy the game.

Runtime

ANSWER

A-_____,

B-_____,

C-_____,

D-_____,

E-_____,

F-_____,

G-_____,

H-_____,

I-_____,

J-_____,

K-_____,

L-_____,

M-_____,

N-_____,

O-_____

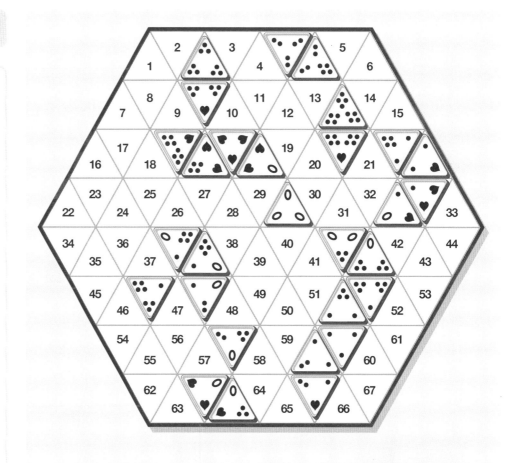

THINKING

보기의 위치를 찾아 색칠해보세요. 반드시 같은 색상만 옆에 놓을 수 있습니다.

Just play.
Have fun.
Enjoy the game.

Runtime   :

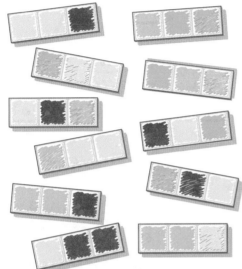

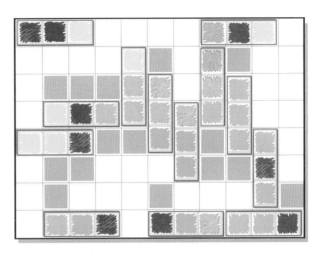

Runtime   :

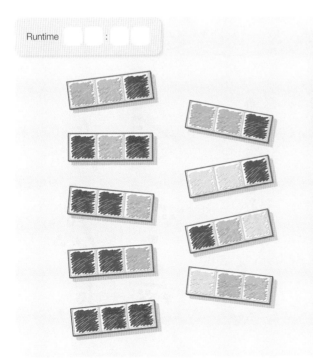

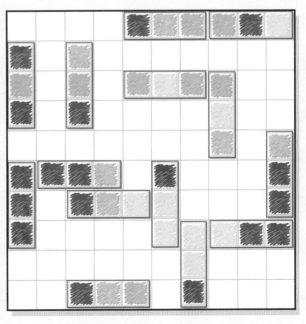

DRAWING & COLORING

DRAWING

COLORING

#BRAIN GAME   #SEE   #DRAW   #WRITE   #ANYONE   #ANYTIME   #ANYWHERE

DOT to DOTS

번호 순서대로 점들을 선으로 연결해보세요.

Just play.
Have fun.
Enjoy the game.

DOT to DOTS

번호 순서대로 점들을 선으로 연결해보세요.

Just play.
Have fun.
Enjoy the game.

DOT to DOTS

모든 점들을 빠짐없이 선으로 연결해보세요.

Just play.
Have fun.
Enjoy the game.

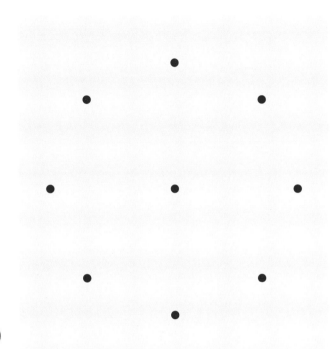

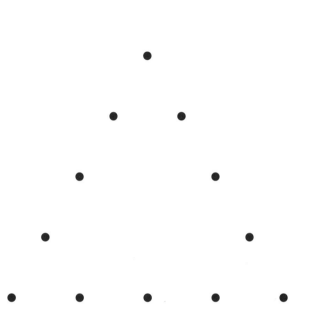

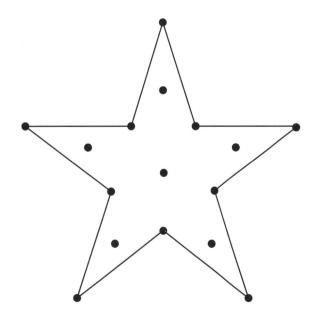

COMPLETING

그림을 완성해보세요. 예쁘게 채색도 해보세요.

Just play.
Have fun.
Enjoy the game.

COMPLETING

그림을 완성해보세요. 예쁘게 채색도 해보세요.

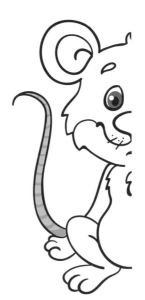

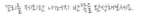

꼬리를 제외한 나머지 반쪽을 완성해보세요.

꼬리를 제외한 나머지 반쪽을 완성해보세요.

COMPLETING

그림을 완성한 후 동물의 뒷모습도 그려보세요.

Just play.
Have fun.
Enjoy the game.

부엉이의 뒷모습을 그려보세요!

멧돼지의 뒷모습을 그려보세요!

COPYING

그림을 모방해보세요. 예쁘게 채색도 해보세요.

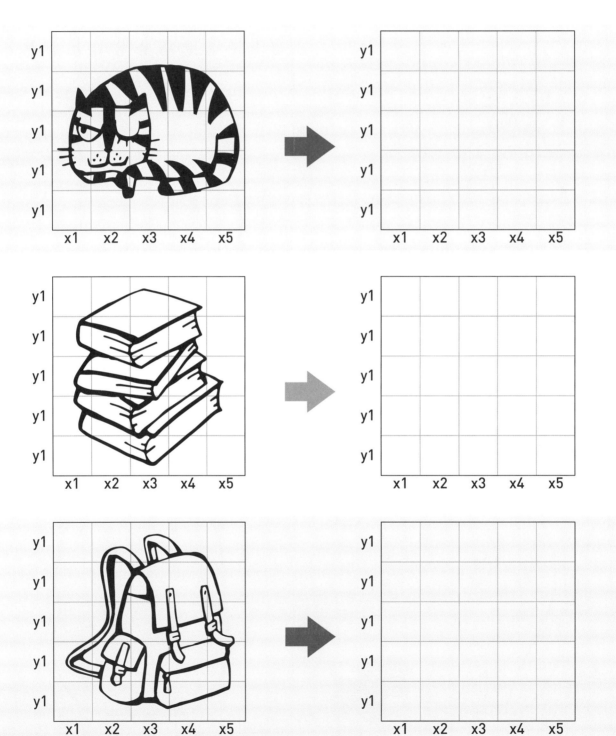

STEP by STEP

천천히 단계별로 따라 그려보세요. 예쁘게 채색도 해보세요.

Just play.
Have fun.
Enjoy the game.

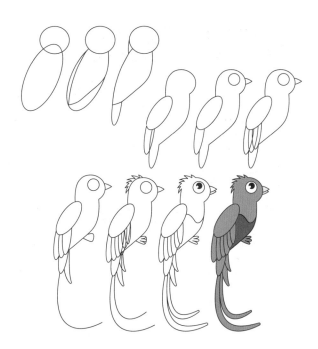

IMAGINE and DRAW

사람들의 얼굴 표정을 상상하여 그려보세요. 정답은 없습니다.

Just play.
Have fun.
Enjoy the game.

| SAMPLE LOOKS

IMAGINE and DRAW

어둠 속에 무엇이 있는지 상상해서 그려보세요. 정답은 없습니다.

Just play.
Have fun.
Enjoy the game.

여행에 가져갈 짐들을 채워 그려보세요. 정답은 없습니다.

COLOR by NUMBERS

주어진 번호 색에 맞춰 차근차근 채색해보세요.

Just play.
Have fun.
Enjoy the game.

COLOR by NUMBERS

주어진 번호 색에 맞춰 차근차근 채색해보세요.

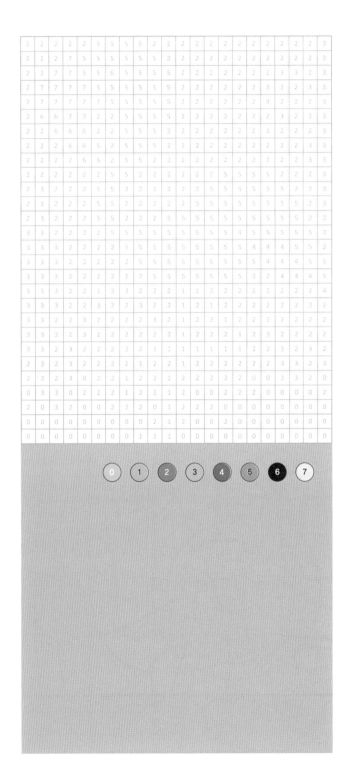

COLOR by NUMBERS

주어진 번호 색에 맞춰 차근차근 채색해보세요.

Just play.
Have fun.
Enjoy the game.

COLOR by NUMBERS

주어진 번호 색에 맞춰 차근차근 채색해보세요.

Just play.
Have fun.
Enjoy the game.

COLOR by SKETCH

자기만의 개성으로 채색해보세요.

Just play.
Have fun.
Enjoy the game.

COLOR by SKETCH

자기만의 개성으로 채색해보세요.

Just play.
Have fun.
Enjoy the game.

COLOR by SKETCH

자기만의 개성으로 채색해보세요.

SAMPLE COLORING

COLOR by SKETCH

자기만의 개성으로 채색해보세요.

Just play.
Have fun.
Enjoy the game.

SAMPLE COLORING

COLOR by SKETCH

자기만의 개성으로 채색해보세요.

Just play.
Have fun.
Enjoy the game.

SAMPLE COLORING

COLOR by SKETCH

자기만의 개성으로 채색해보세요.

**SAMPLE
COLORING**

COLOR by SKETCH

자기만의 개성으로 채색해보세요.

COLOR by SKETCH

자기만의 개성으로 채색해보세요.

LOGIC GAME

NONOGRAM

기본 노노그램을 풀기 전 읽어주세요!

 ## 기본 노노그램 풀이 규칙

1 행의 왼쪽 또는 열의 위쪽에 적힌 수만큼 그 행 또는 열에 연속해서 칠해야 하는 칸 수를 의미합니다.

2 여러 개의 숫자가 있는 경우 순서대로 그 줄의 행과 열을 칠해야 합니다.
이때 숫자와 숫자 사이에는 반드시 1칸 이상을 띄우고 칠해야 합니다.

① 해당 세로줄 세 칸 중 두 칸을 연속해서 칠한다.
② 해당 가로줄 네 칸 중 두 칸을 연속해서 칠한 후, 한 칸 이상 띄우고 나머지 한 칸을 칠한다.

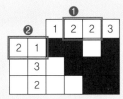

3 칠할 수 없는 칸은 먼저 X 표시해 두면 풀이가 쉬워집니다.
완성된 숫자는 O 표시해 두면 헷갈리지 않습니다.

① 세로줄이 세 칸뿐이므로 모두 칠하고 숫자에 O 표시해 둔다.
② 세 칸이 연속해서 칠해져야 하므로 맨 앞 칸에는 X 표시해 둔다.

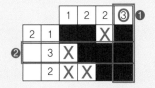

※ 기타 규칙들은 기본 노노그램 풀이 규칙과 동일합니다.

NONOGRAM

풀이 규칙에 맞춰 차근차근 채색해보세요.

Just play.
Have fun.
Enjoy the game.

Puzzle 1

Runtime ⬜⬜ : ⬜⬜

?

Column clues:

		1							1				1				
	1	1	1					2	1			1	1				
	1	1	1	2	1	1	1	3	1	1	2	1	1				
8	1	1	3	2	6	7	8	1	1	3	2	1	1	8			
1	1	1	2	2	1	2	2	2	1	2	2	1	1	1			

Row clues:

			11
		1	1
	1	1	1
	1	3	1
1	1	4	1
1	4	2	1
1	6	2	1
1	2	6	1
1	6	2	1
1	4	2	1
	1	3	1
		1	1
	2	3	2
			15

Puzzle 2

Runtime ⬜⬜ : ⬜⬜

?

Column clues:

	2					1		1					3				
	1			1	1	1		1	1	1			1				
3	2	3	3	1	2	2	3	2	2	1	3	3	2	4			
2	2	5	4	7	3	2	2	2	3	7	4	5	2	2			
1	1	1	3	1	1	1	1	1	1	1	3	1	1	1			

Row clues:

			5
		5	3
		3	5
		5	2
	1	1	1	1
2	2	1	2	2
			11
	4	3	4
		6	6
	1	11	1
	2	7	2
1	2	2	1
		1	1
			15

NONOGRAM

풀이 규칙에 맞춰 차근차근 채색해보세요.

Just play.
Have fun.
Enjoy the game.

?

Runtime :

NONOGRAM

컬러 노노그램을 풀기 전 읽어주세요!

 컬러 **노노그램 풀이 규칙**

1 행의 왼쪽 또는 열의 위쪽에 적힌 수만큼 그 행 또는 열에 연속해서 칠해야 하는 칸 수를 의미합니다.

2 숫자의 색깔과 동일한 색을 칠해야 합니다.
여러개의 숫자가 있는 경우 같은 색의 숫자는 중간에 <u>한 칸 이상 띄어야 하고</u>❶, <u>서로 다른 색의 숫자는</u>❷
<u>칸을 띄지 않아도 됩니다.</u>❸ (띄우기도 합니다.)

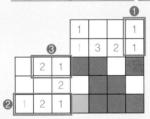

3 칠할 수 없는 칸은 먼저 **X** 표시해 두면 풀이가 쉬워집니다.
완성된 숫자는 **O** 표시해 두면 헷갈리지 않습니다.

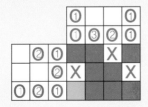

※ 기타 규칙들은 컬러 노노그램 풀이 규칙과 동일합니다.

NONOGRAM

풀이 규칙에 맞춰 차근차근 채색해보세요.

Just play.
Have fun.
Enjoy the game.

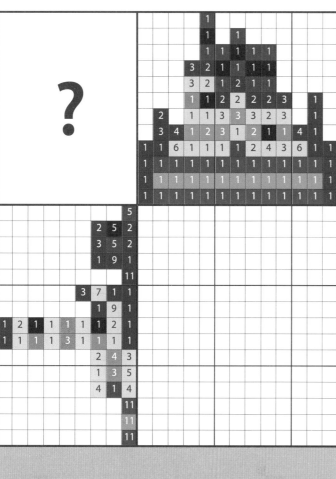

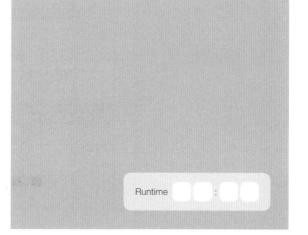

Runtime ☐☐ : ☐☐

Runtime ☐☐ : ☐☐

NONOGRAM

#04

풀이 규칙에 맞춰 차근차근 채색해보세요.

Just play.
Have fun.
Enjoy the game.

Runtime ⬜ : ⬜

?

Runtime ⬜ : ⬜

?

SUDOKU

가로세로, 각 영역에 색이나 도형이 겹치지 않도록 퍼즐 위치를 찾으세요.

Just play.
Have fun.
Enjoy the game.

Runtime

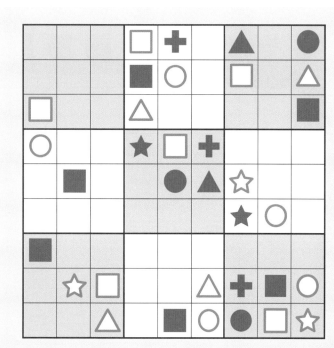

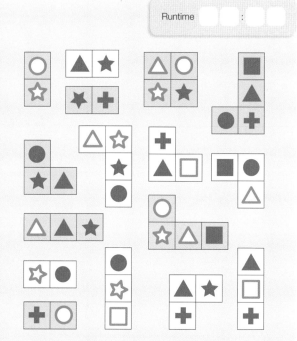

Runtime

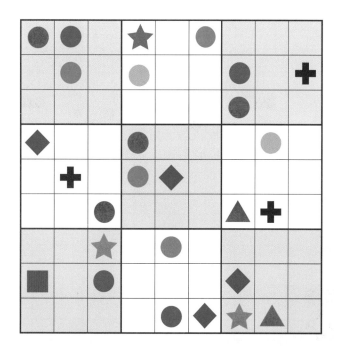

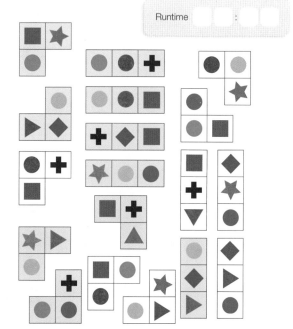

SUDOKU

가로세로, 각 영역에 숫자 1~9까지 겹치지 않도록 퍼즐 위치를 찾으세요.

Just play.
Have fun.
Enjoy the game.

Runtime [ ] [ ] : [ ] [ ]

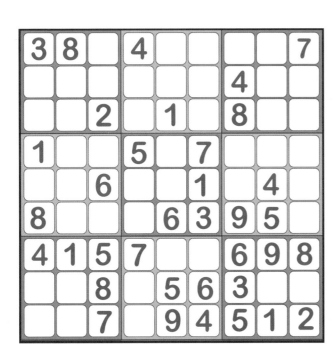

Runtime [ ] [ ] : [ ] [ ]

SUDOKU

가로세로, 각 영역에 숫자 1~9까지 겹치지 않도록 칸을 채우세요.

Just play.
Have fun.
Enjoy the game.

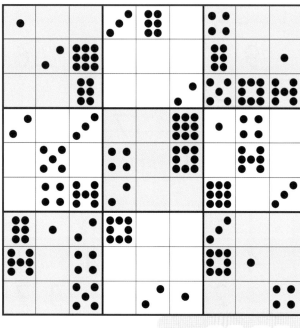

Runtime ☐ : ☐ ☐

		2	1		8	3		
	7					6		
9			5		6			2
3		9		6		5		1
			9	8	3			
8		6		1		9		7
6					2			3
	3						1	
		8	3		1	7		

Runtime ☐ : ☐

			9		3			5
			1	6				
2				7				1
6			7	2	9			
	1			5		8		
							6	
1								
	8	2			4	9		
7		4		1			2	

Runtime ☐ ☐ : ☐ ☐

	2	4			3		6	
				9	1	7	5	4
			1		8		2	
			5					2
	1		6		4		7	
		2		8			9	
7		3			2	6		
			9					
	6						3	

Runtime ☐ ☐ : ☐ ☐

SUDOKU

가로세로, 각 영역에 숫자 1~9까지 겹치지 않도록 칸을 채우세요.

Just play.
Have fun.
Enjoy the game.

Puzzle 1

4							1	8
		9						
		6	4	8	2			
8					2	4		
	3				5	2		
			7					
	6	5		7				
2					3			9
				1				7

Puzzle 2

1		5	9					
	9							6
7		3			5			
		4	8		7			
			1			6		
	5						1	
	4		6			8	1	
	2				4		3	7

Puzzle 3

2					3			5
7						9	4	
	5		9	1	4	6		
3		9				2		
	8			3		5		
1			4				3	
	4		3	6				8
		8	2		1			
			8	4			2	

Puzzle 4

6	1				4	3	7	
	9	4					5	
8			2		3			
9		7	6					
			1					5
	2							9
	6	1	7	5				
			3				1	
7			9		1		8	

Runtime ☐☐ : ☐☐

Runtime ☐☐ : ☐☐

Runtime ☐☐ : ☐☐

Runtime ☐☐ : ☐☐

MATHEMATICS

제공된 데이터로 정답을 맞추세요.

ANSWER   Runtime ___ : ___

ANSWER   Runtime ___ : ___

ANSWER   Runtime ___ : ___

ANSWER   Runtime ___ : ___

MATHEMATICS

제공된 데이터로 정답을 맞추세요.

Just play.
Have fun.
Enjoy the game.

Runtime ☐ : ☐ ☐

ANSWER

Runtime ☐ : ☐ ☐

ANSWER

Runtime ☐ : ☐ ☐

ANSWER

Runtime ☐ : ☐ ☐

ANSWER

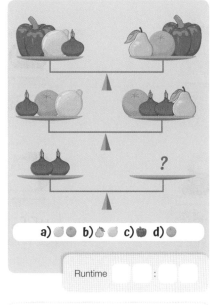

Runtime ☐ : ☐ ☐

ANSWER

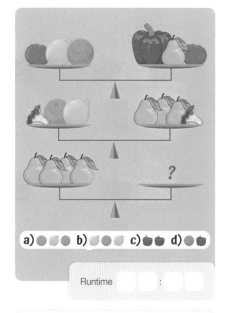

Runtime ☐ : ☐ ☐

ANSWER

MATHEMATICS

제공된 데이터로 정답을 맞추세요.

Just play.
Have fun.
Enjoy the game.

56 ÷ 🍎 = 🍄 * 🍐

21 ÷ 🍎 = 3

28 ÷ 🍎 * 🍐 = 16

20 ÷ 🍄 + 🍎 * 🍐 = ?

🐻 + 🐻 * 🐨 - 🐨 = 73

🐨 * 🐨 ÷ 🐼 = 16

🐼 * 🐼 = 16

(🐨 + 4 * 🐻) ÷ 🐼 = ?

ANSWER   Runtime [ ][ ]:[ ][ ]

ANSWER   Runtime [ ][ ]:[ ][ ]

48 ÷ 🦔 = 🦔 * 🦔

24 ÷ 🦔 = 🦔

32 ÷ 🦔 = 🦔 * 🦔

48 ÷ 🦔 - 🦔 * 🦔 = ?

🦋 * 🦋 + 🦋 * 🦋 = 106

🦋 * 🦋 ÷ 🦋 = 27

🦋 * 🦋 * 🦋 = 27

🦋 - (4 * 🦋 + 🦋) ÷ 🦋 = ?

ANSWER   Runtime [ ][ ]:[ ][ ]

ANSWER   Runtime [ ][ ]:[ ][ ]

MATHEMATICS

단 한 번 성냥을 옮겨 수식이 맞게 수정하세요.

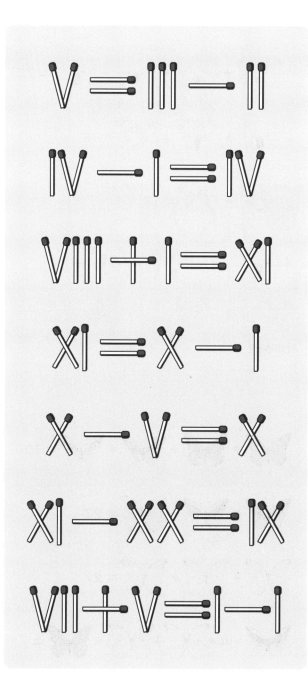

ANSWER

Runtime

Roman	I	II	III	IV	V	VI	VII	VIII	IX	X	XI	XII	XIII	XIV	XV ⋯ XX
Numerals	1	2	3	4	5	6	7	8	9	10	11	12	13	14	15 ⋯ 20

MEMORIZING

문제마다 1분 동안 어디에 무엇이 있는지 꼼꼼히 본 후 다음 페이지에 있는 지령을 수행하세요.

Just play.
Have fun.
Enjoy the game.

Q1

Q2

MEMORIZING

각 카드 위치를 찾아 번호를 넣으세요. 이때, 반드시 책을 접어 옆 페이지가 보이지 않도록 해주세요.

Just play.
Have fun.
Enjoy the game.

A1

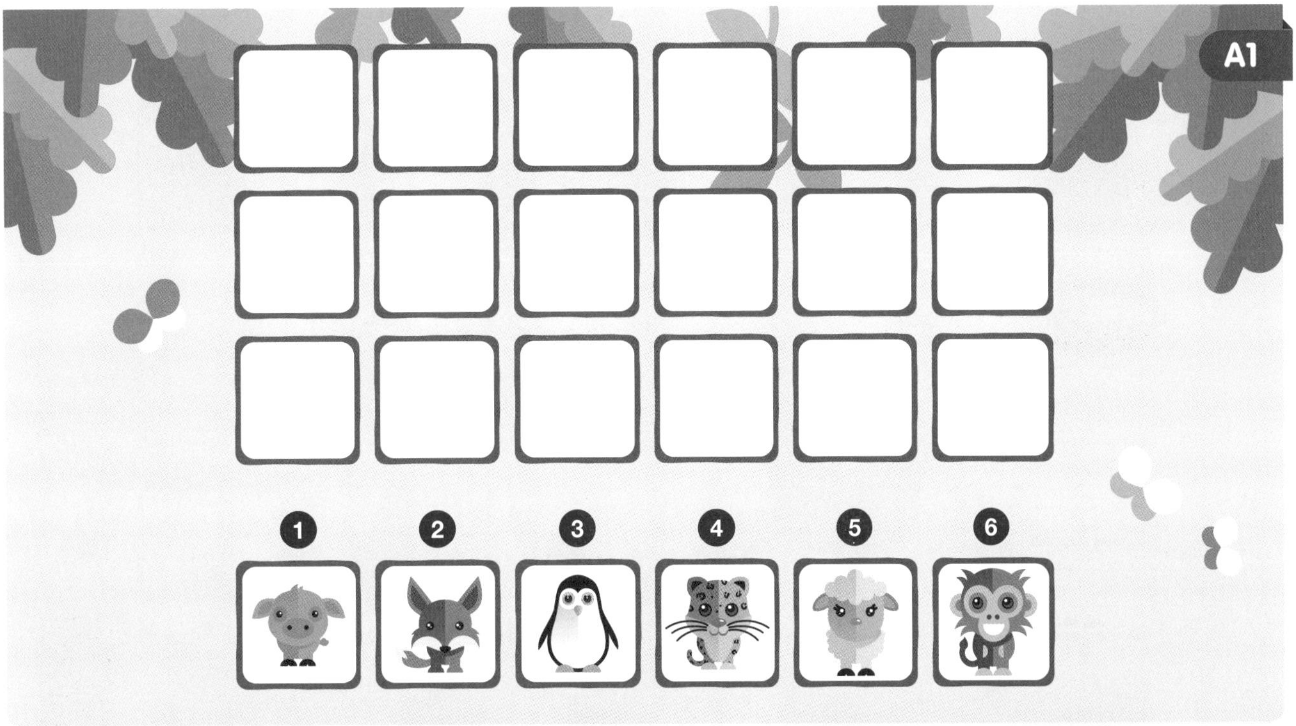

| 1 | 2 | 3 | 4 | 5 | 6 |

A2

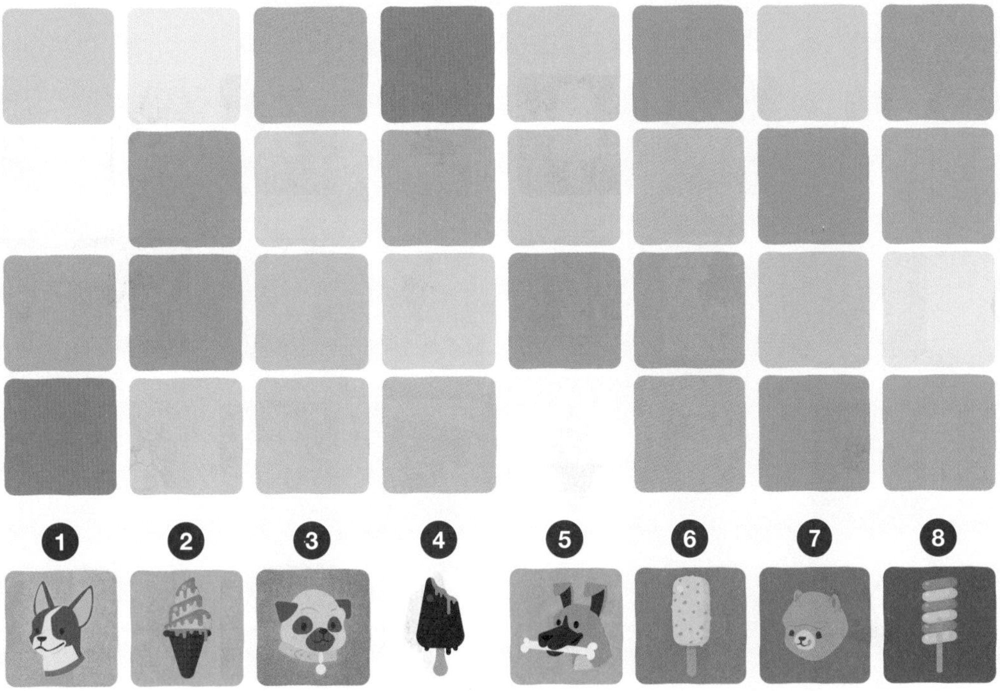

| 1 | 2 | 3 | 4 | 5 | 6 | 7 | 8 |

MEMORIZING

1분 동안 어디에 무엇이 있는지 꼼꼼히 본 후 다음 페이지에 있는 지령을 수행하세요.

Just play.
Have fun.
Enjoy the game.

Are you ready?

MEMORIZING

각 위치에 무엇이 있었는지 적어보세요. 이때, 반드시 책을 접어 옆 페이지가 보이지 않도록 해주세요.

Just play.
Have fun.
Enjoy the game.

ANSWER

햄버거는 몇 개? _____	샌드위치는 몇 개? _____	음료 종류는 몇 개? _____
머핀은 몇 개? _____	피자는 몇 개? _____	한 개씩만 있던 음식은 몇 개? _____

THINKING

다음 중 시계 방향으로 도는 톱니와 시계 반대 방향으로 도는 톱니를 각각 찾으세요.

Just play.
Have fun.
Enjoy the game.

Runtime _____ : _____

ANSWER

시계방향 :

_____, _____

시계반대방향 :

_____, _____,

_____, _____,

_____, _____,

_____, _____,

_____

THINKING

다음 중 시계 방향으로 도는 톱니와 시계 반대 방향으로 도는 톱니를 각각 찾으세요.

Just play.
Have fun.
Enjoy the game.

Runtime ☐ ☐ : ☐ ☐

※ ❶과 ❻번에 있는 벨트를 주의해서 풀이하세요!

ANSWER

시계방향 :

_____, _____,

_____, _____,

_____

시계반대방향 :

_____, _____,

_____, _____

WORD GAME

MEMORIZING

다음 단어를 30초간 암기한 후 단어를 손으로 가리고 몇 개의 단어를 기억하는지 확인해보세요.

Just play.
Have fun.
Enjoy the game.

나무	연필	잣	기차	스페인
행복	은행	도라지	텀블러	라면
접시	스쿼트	시계	볼펜	배터리
히어로	양말	비키니	사탕	마우스
버섯	돈	햄버거	택시	강아지

ANSWER NO.1

지령 : 상단 단어들을 손으로 가리고 기억나는 대로 적어보세요.

25개 단어 중, _____개

ANSWER NO.2

지령 : 다시 한번 단어들을 30초간 암기 한 후 기억나는 대로 적어보세요.

25개 단어 중, _____개

"처음에 적은 단어 개수는 엄밀히 말하면 순간 기억력! 진짜 기억력은 2번째에 적은 단어 개수가 진짜 기억력이 아닐까요?"

CROSSWORD

가로세로 뜻풀이를 읽고 십자말풀이를 해보세요.

Just play.
Have fun.
Enjoy the game.

Runtime [ ] : [ ]

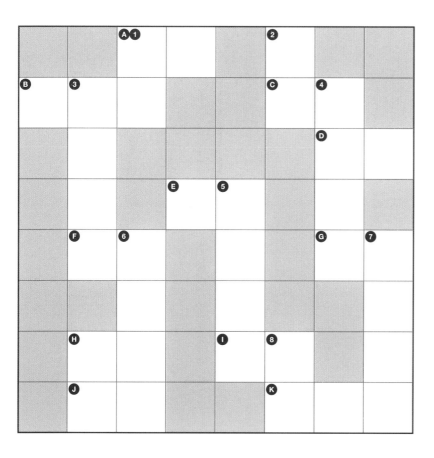

가로 뜻풀이

Ⓐ 간호사를 미화하여 일컫는 말. 백의의 OO

Ⓑ 차를 세워 두도록 마련한 곳

Ⓒ 행위의 실적이나 자취. 또는 평생 동안 한 일이나 업적을 이르는 말

Ⓓ 자신의 언행에 대하여 잘못이나 부족함이 없는지 돌이켜 봄

Ⓔ 뇌혈관의 장애로 갑자기 정신을 잃고 쓰러져 몸을 마음대로 움직이지 못하게 되는 병

Ⓕ 서로 밀접한 관계로 연결된 여러 가지 것 가운데 한 부분. 고속 도로 건설은 국토 개발의 OO이다.

Ⓖ 공부나 학문을 장려함

Ⓗ 산이나 언덕 따위가 기울어진 상태나 정도. 또는 그렇게 기울어진 곳.

Ⓘ 화장품을 바르거나 문질러 얼굴을 곱게 꾸밈

Ⓙ 병이 위중하여 위험한 상태

Ⓚ 멀리 내다볼 수 있도록 높이 만든 대

세로 뜻풀이

① 지붕의 안쪽

② 일 따위를 처리하여 나감. 앞으로 향하여 나아감.

③ 이 날 저 날 하고 자꾸 기한을 미루는 것을 이르는 말

④ 도둑이 도리어 매를 든다는 뜻으로, 잘못한 사람이 아무 잘못도 없는 사람을 나무람

⑤ 바람 앞의 등불이라는 뜻으로, 사물이 매우 위태로운 처지에 놓여 있음을 이르는 말

⑥ 사자성어로 사람이 보다 나은 방향으로 변하여 전혀 딴사람처럼 됨.

⑦ 학의 목처럼 목을 길게 빼고 간절히 기다림

⑧ 총포에 탄알이나 화약을 재어 넣은 일

FINDING

각 비커에 한 글자씩 사용하여 단어를 찾으세요.

Just play.
Have fun.
Enjoy the game.

Runtime ☐ : ☐

아	이	스	크	림

아	르	헨	티	나

Runtime ☐ : ☐

FINDING

뜻이 되도록 맞는 링을 찾으세요. 시작과 방향은 모두 불일치 합니다.

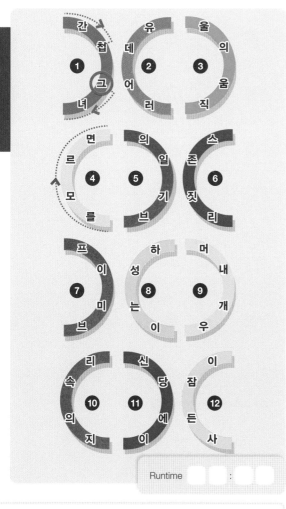

영화 제목

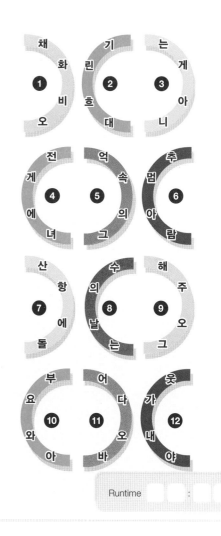

노래 제목

ANSWER

  1 + 4 /   그녀를 모르면 간첩   ,

___+___ / _____,

___+___ / _____,

___+___ / _____,

___+___ / _____,

___+___ / _____

ANSWER

___+___ / _____,

___+___ / _____,

___+___ / _____,

___+___ / _____,

___+___ / _____,

___+___ / _____

FINDING

각 라인에 한 글자씩 사용하여 영화 제목 6개를 찾으세요.

Runtime ☐ ☐ : ☐ ☐

ANSWER

_____,

_____,

_____,

_____,

_____,

_____

미	엽	델	범	인	쉰
디	들	션	기	죄	마
적	와	아	러	임	의
루	나	리	파	인	재
이	구	그	존	서	스
녀	스	성	블	스	트

Runtime ☐ ☐ : ☐ ☐

제시된 단어들을 찾아 선으로 이으세요.

WORD

- ~~에피소드~~
- 아웃사이더
- 터미널
- 사랑니
- 스파이더맨
- 동그라미
- 행복전도사

용	이	서	정	밖	창	행	복
아	웃	사	화	소	동	탕	전
모	집	이	피	에	그	사	도
아	그	더	소	드	라	지	제
요	리	사	랑	니	미	효	동
맨	더	이	해	쥬	랑	터	꿈
미	명	파	고	행	미	복	현
해	축	스	금	널	저	설	장

FINDING

제시된 18가지 컬러 단어들을 찾으세요.

Just play.
Have fun.
Enjoy the game.

Runtime ☐ ☐ : ☐ ☐

```
B E M U G J K U E L P R U P O Z U F E B
R C B F T H W H I T A E R W L O L E Y L
O P D L M U K T Q N R Z C T U B H U E U
V I G B A C R F R E D N A Y S L N T L D
I N D T H A F Q Z N S G R E N A L E O E
F K I D O M P M U D H A S L Y D Q L V M
A H G R A W A V G O L G Y C A K C O I R
W D A B R O W G E M I P A N D T O I E M
H E C L O N I O E T W S N F R Q U V Q A
I D B U W U J L J N A L E B J E L O U G
T C X E G S A D E H T G I L X I O J Y E
T E I Q I V E A L D E A R E S G N X E N
F R O L C T L L O P K X Y U N E W U L I
U S W F I H E P I P N I K A E B I V L T
S E R H G E N U W B K E E R O H Q T O A
R B W I K P D W G X C Y G A B F E Y W N
A R P U R L X D O H A Y E A X E P E V Y
G O R A N G E P S R L I A P M S I R Y C
V Y E T E L L O I W B O W M A D U G A S
W E I S U O Q R U T E P R U P L E Z E X
```

RED   GOLD   BROWN

YELLOW   SILVER   PINK

BLUE   BLACK   TURQUOISE

GREEN   WHITE   CYAN

ORANGE   GREY   MAGENTA

PURPLE   BEIGE   VIOLET

THE ANSWERS

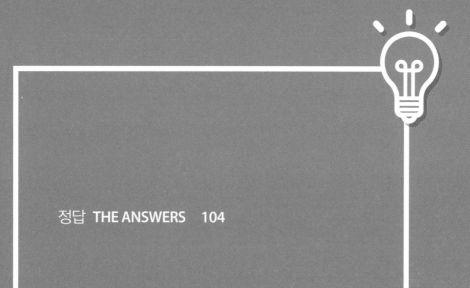

정답 THE ANSWERS　104

P. 8

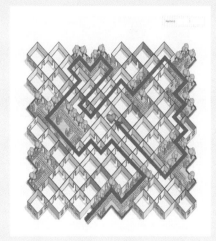

P. 9

P. 10

ANSWER
A - 2
B - 1
C - 5
D - 4
E - 3

P. 11

ANSWER
Cap - 4
Cake - 7
Bear - 1
Car - 5
Glove - 6
Sock - 3
Star - 2

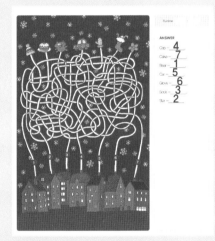

P. 12

ANSWER 2

ANSWER 2

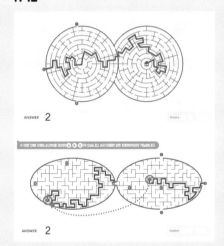

P. 13

ANSWER 2   ANSWER 3

ANSWER 2   ANSWER 2

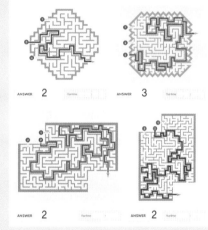

P. 14

ANSWER 다람쥐

ANSWER 말

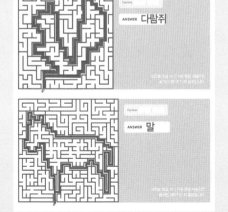

P. 15

ANSWER 곰   ANSWER 고양이

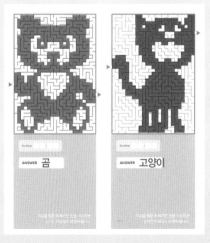

P. 16

FIND 10 DIFFERENCES

P. 17

P. 18

ANSWER A— 2 B— 4 C— 1 D— 3 E— 4

P. 19

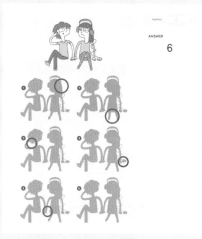

ANSWER 6

P. 20

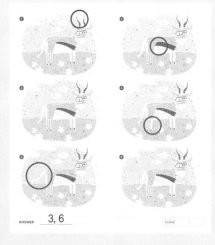

ANSWER 3, 6

P. 21

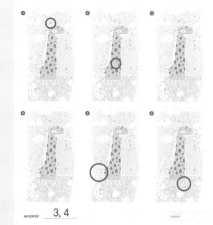

ANSWER 3, 4

P. 22

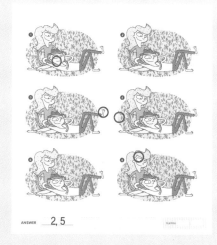

ANSWER 2, 5

P. 23

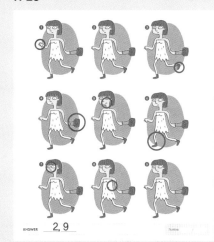

ANSWER 2, 9

P. 24

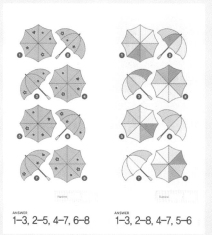

ANSWER
1–3, 2–5, 4–7, 6–8

ANSWER
1–3, 2–8, 4–7, 5–6

P. 25

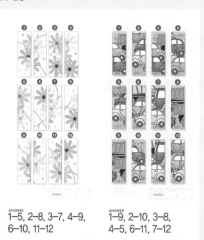

ANSWER
1–5, 2–8, 3–7, 4–9, 6–10, 11–12

ANSWER
1–9, 2–10, 3–8, 4–5, 6–11, 7–12

THE ANSWERS | 정답

P. 26

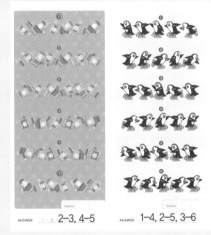

ANSWER 1-6, 2-3, 4-5
ANSWER 1-4, 2-5, 3-6

P. 27

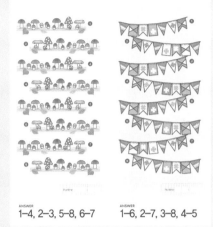

ANSWER 1-4, 2-3, 5-8, 6-7
ANSWER 1-6, 2-7, 3-8, 4-5

P. 28

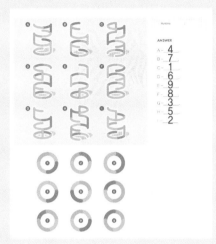

ANSWER
A - 4
B - 7
C - 1
D - 6
E - 9
F - 8
G - 3
H - 5
- 2

P. 29

ANSWER
A - 7
B - 3
C - 12
D - 11
E - 8
F - 9
G - 4
H - 1
I - 5
J - 2
K - 6
L - 10

P. 30

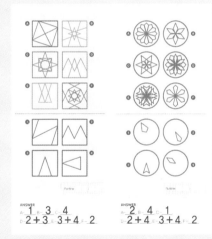

ANSWER
A - 1 B - 3 4
D - 2 + 3 E - 3 + 4 2

ANSWER
A - 2 B - 4 1
D - 2 + 4 E - 3 + 4 2

P. 31

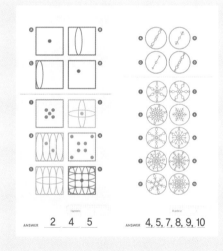

ANSWER 2 4 5
ANSWER 4, 5, 7, 8, 9, 10

P. 34

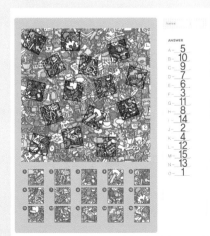

ANSWER
A - 5
B - 10
C - 9
D - 7
E - 6
F - 3
G - 8
H - 14
I - 2
J - 4
K - 2
L - 15
M - 15
N - 13
O - 1

P. 35

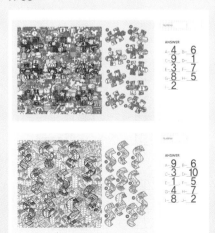

ANSWER
A - 4 B - 6
C - 3 D - 10
E - 9 F - 7
G - 2 H - 5
I - 8 J - 1

ANSWER
A - 9 B - 6
C - 3 D - 10
E - 1 F - 5
G - 4 H - 7
I - 8 J - 2

P. 36

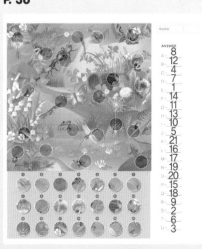

ANSWER
A - 8
B - 12
C - 4
D - 7
E - 1
F - 11
G - 14
H - 13
I - 5
J - 9
K - 21
L - 6
M - 17
N - 16
O - 20
P - 15
Q - 19
R - 18
S - 2
T - 6
U - 3

THE ANSWERS | 정답

P. 37

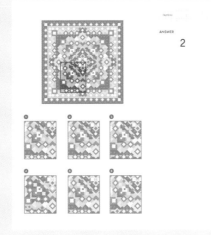

P. 38

P. 39

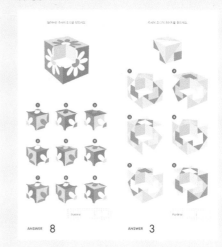

P. 40

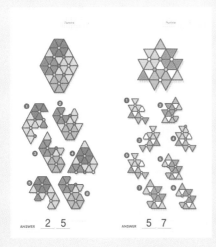

P. 41

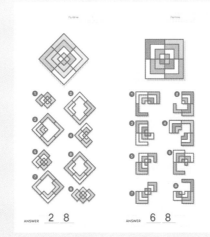

P. 42

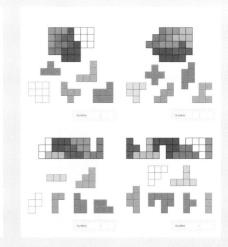

P. 43

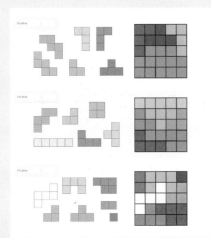

P. 44

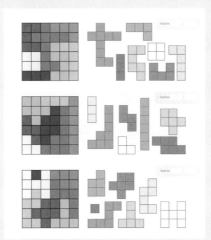

P. 45

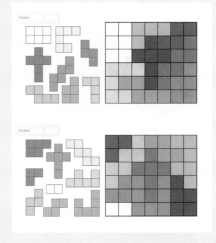

TANJITGURY

107

THE ANSWERS

P. 46

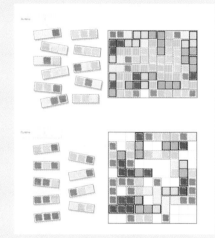

P. 47

P. 50

P. 51

P. 52

P. 55

※ 정답은 없습니다.

SAMPLE

SAMPLE

P. 60

P. 61

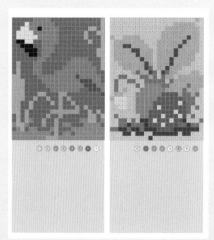

P. 62

P. 63

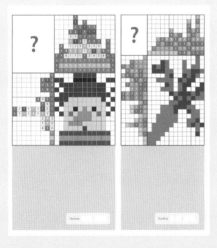

P. 75

P. 76

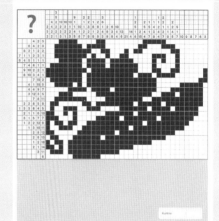

P. 78

P. 79

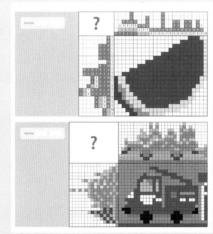

P. 80

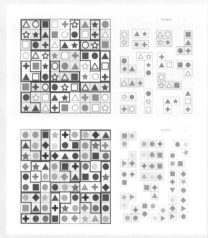

P. 81

P. 82

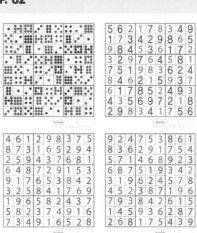

P. 83

P. 84

ANSWER **750 g**

ANSWER **240 g**

ANSWER **210 g**

ANSWER **561 g**

P. 85

ANSWER **3.7 kg**

ANSWER **275 g**

ANSWER **380 g**

ANSWER **c**

ANSWER **d**

ANSWER **c**

P. 86

ANSWER **38**

ANSWER **11**

ANSWER **0**

ANSWER **6**

P. 87

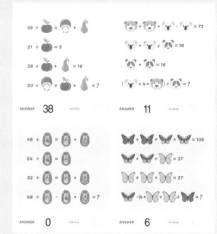

P. 89

P. 91

햄버거 · 콜라 · 감자튀김 · 샌드위치 · 커피 · 머핀 · 치킨너겟 · 피자 · 피자 · 도넛 · 나초칩 · 치킨 · 콜라 · 핫도그 · 샌드위치 · 어니언링 · 맥주 · 머핀 · 햄버거

ANSWER

햄버거는 몇 개?
머핀은 몇 개? **2**

샌드위치는 몇 개?
피자는 몇 개? **2**

음료 종류는 몇 가지? **4**
한 개밖에 없는 음식은 몇 개? **7**

P. 92

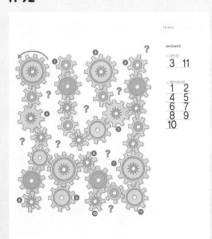

ANSWER

시계방향: 3   11

시계반대방향:
1
4   5
6   7
8   9
10

P. 93

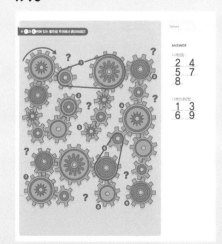

ANSWER

시계방향:
2   4
5   7
8

시계반대방향:
1   3
6   9

P. 97

가로 열쇠풀이

세로 열쇠풀이

P. 98

Runtime

아	이	스	크	림
공	기	청	정	기
자	동	판	매	기
스	파	이	더	맨
고	추	잠	자	리

아	르	헨	티	나
다	이	아	몬	드
크	리	스	마	스
아	웃	사	이	더
포	켓	몬	스	터

Runtime

트	리	트	먼	트
김	치	볶	음	밥
돌	솥	비	빔	밥
방	탄	소	년	단
아	인	슈	타	인
공	중	화	장	실
반	달	가	슴	곰
벙	어	리	장	갑
이	산	화	탄	소
화	이	트	데	이

P. 99

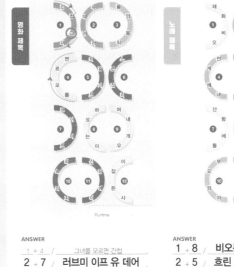

Runtime

ANSWER

1 + 4	그녀를 모르면 간첩
2 + 7	러브미 이프 유 데어
3 + 8	하울의 움직이는 성
5 + 6	브리짓 존스의 일기
9 + 10	내머리 속의 지우개
11 + 12	당신이 잠든 사이에

ANSWER

1 + 8	비오는 날의 수채화
2 + 5	흐린 기억 속의 그대
3 + 12	내가 웃는 게 아니야
4 + 9	그녀에게 전해주오
6 + 11	바람아 멈추어다오
7 + 10	돌아와요 부산항에

P. 100

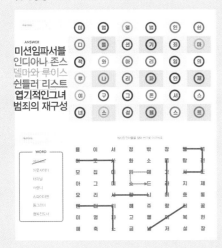

ANSWER
미션임파서블
인디아나 존스
델마와 루이스
쉰들러 리스트
엽기적인그녀
범죄의 재구성

P. 101

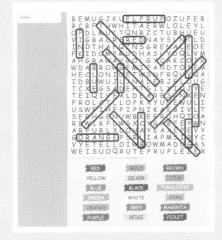

MAKING

나만의 토끼를 만들어보세요.

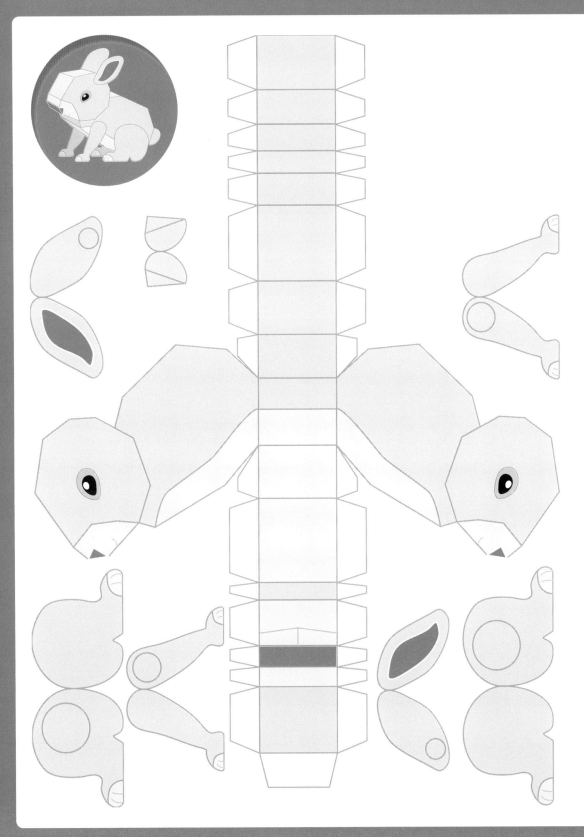

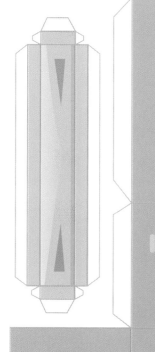

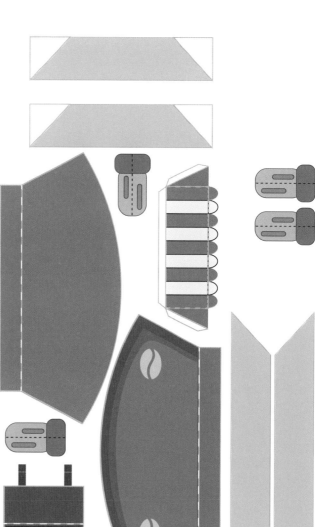

맛있는 과일을 만들어보세요.

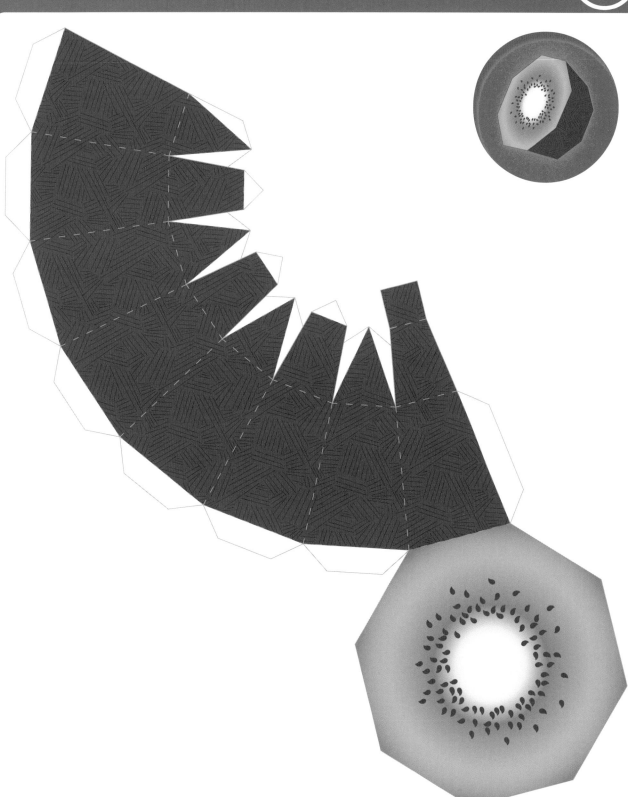

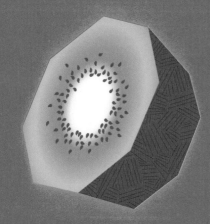

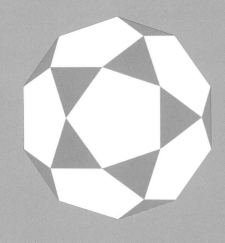

► **A Boat**

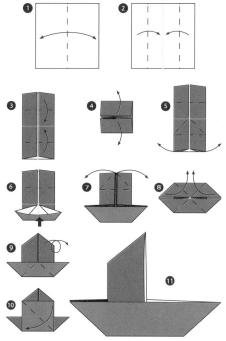

► **A Twin Boat**

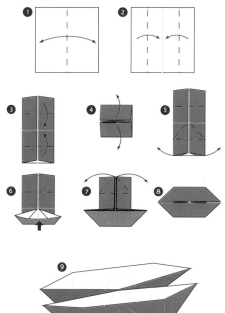

ORIGAMI

▶ **A Boat**

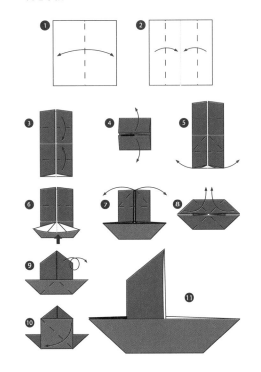

▶ **A Twin Boat**

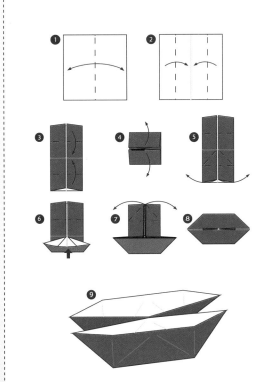

► **A Star**

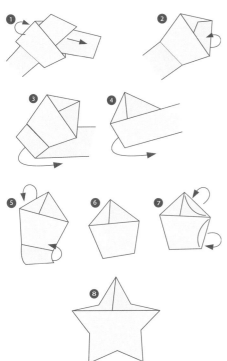

► **A Flower**

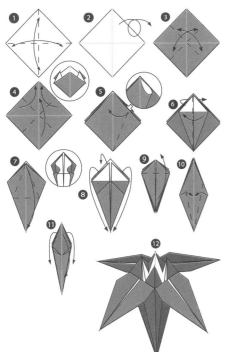

▶ **A Star**

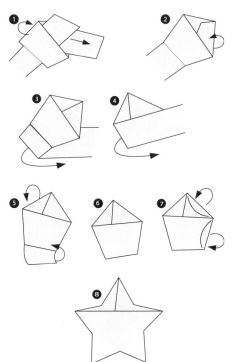

▶ **A Flower**

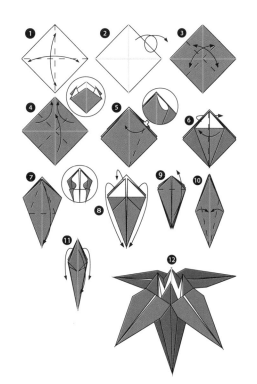